Die Stellung des Rechtsanwalts im neuen Staat

Vortrag
vor dem Deutschen Juristentag in Leipzig
am 1. Oktober 1933

Von

Rechtsanwalt Dr. Walter Luetgebrune, Berlin

1933
München, Berlin und Leipzig
J. Schweitzer Verlag (Arthur Sellier)

Druck von Dr. F. P. Datterer & Cie., Freising-München.

Die Erörterung der Frage nach der Stellung des Anwalts im neuen Staat verlangt an allererster Stelle und auf das nachdrücklichste die Feststellung, daß diese Stellung auch im neuen nationalsozialistischen Staat, im Dritten Reich Deutschlands, mit dem Boden des Rechtsstaats unerschütterlich fest verbunden ist. Art- und rassefremde Auch-noch-Angehörige des deutschen Staats haben vom sicheren Zufluchtsort des Auslandes her im blindwütigen Haß dem Auslande weiszumachen versucht, „daß die Staatsführung in Deutschland die Grundlage, von der aus rechtsstaatliches Denken überhaupt möglich sei, verlassen habe und den Grundsatz der Willkür proklamiert habe“. Diesen Anwurf kann nur der aussprechen, der eine Idee des Rechtsstaats will, wie er sie versteht und dem diese Idee verkörpert ist in dem Leitsatz des liberalistischen Volkswirtschaftlers Adam Smith: „Eigennutz geht vor Gemeinnutz“, also der, dem der vom alten System freundwilligst gereichte Genußtopf in der Hand endlich und noch rechtzeitig vom neuen Staat zerschlagen ist. Die Idee des Rechtsstaats ist im neuen Deutschland nicht verlassen, sie ist und wird vielmehr vertieft. In der Erklärung der Reichsregierung vor dem Reichstag am 23. März 1933 hat der Führer der Verwirklichung der Rechtsstaatsidee für das neue Deutschland in Justiz und Rechtspflege drei grundlegende Richtungspunkte gesetzt: „Der Boden der Existenz der Justiz kann kein anderer sein, als der Boden der Nation.“ „Nicht das Individuum kann Mittelpunkt der gesetzlichen Sorge sein, sondern das Volk.“ „Der Unabsetzbarkeit der Richter auf der einen Seite muß Elastizität der Urteilsfindung zum Zwecke der Gesellschaft entsprechen.“ Dieses wundervolle, grundlegende Bekenntnis zum neuen Rechtsstaat ist gleichzeitig die ernsteste Forderung an den neuen Anwalt im neuen Staate.

I.

Die Forderung überträgt auf die Stellung des Anwalts im neuen deutschen Staat den Leitsatz: „Der Rechtsanwaltsberuf dient nicht in erster Linie den Interessen des Auftraggebers, sondern der Pflege des Rechts zum Wohle der Gesamtheit.“ In einem ähnlichen Leitsatz hat einmal die Geschichte der deutschen Rechtsanwaltschaft eine scharfe Kampfansage gegen die freie Advokatur angetroffen. Im Jahre 1750 regte mit gleichartigem Gedankengang der damalige Kammergerichtsreferendar in preußischen Diensten Casimir Carmer seinem großen Lehrer und Meister Cocceji gegenüber zum ersten Male an, die freie Advokatur ganz abzuschaffen, und begründete später 1775 in seinem umfangreichen „Projekt des revidierten Codicis Fridericiani“ die Forderung der Abschaffung der Advokaten damit, daß die Advokaten es für ihre alleinige Pflicht gehalten, den Prozeß zu gewinnen und nicht lediglich die Wahrheit des Rechts zu ermitteln und zu suchen, wem sie auch nütze oder schade. Dieses Verlangen schien folgerichtig, wenn man glaubte, in der Dienststellung des Advokaten zu dem Mandat den rechten Schlüssel für die ausschließliche Interessentenvertretung und die rücksichtslose Vernachlässigung gemeiner Belange gefunden zu haben. Auf den geschichtlichen Rückblick ist eingegangen, weil nicht verschwiegen werden kann, daß gerade heute wieder in weitesten Kreisen der Standesgenossen aus solchem Gedankengang heraus die Sorge entstanden ist, es könne die freie Advokatur abgeschafft und die Rechtsfürsorge und Rechtsvertretung verbeamtet werden.

Es ist bekannt, daß in den letzten Jahren der friderizianischen Regierung die preußische Justizverwaltung den Beruf des freien Advokaten so tatsächlich abgeschafft hat. Es ist bekannt, daß die Lebensdauer der an Stelle des freien Advokaten geschaffenen Einrichtung des beamteten Assistenzrates und Justizkommissars nicht allzulang war. Weniger bekannt ist, daß der heftigste Gegner der Verbeamtung des Advokaten und der dahingehenden Wünsche der preußischen Justizverwaltung der höchste preußische Richter war. Der damalige preußische Kammergerichtspräsident von Rebeur hatte diese Maßnahmen der preußischen Justizverwaltung der Verbeamtung der Advokatur und ihr Mißlingen mit heller Schadenfreude begrüßt und beschreibt die vielfachen immer mißlungenen Versuche der Advokatenverwandlung in einer Schmähschrift wie folgt:

„Advokaten, verschwindet gänzlich von der Erdfläche!
Assistenzräte! Erscheint an ihrer Stelle!
Advokaten! Verwandelt euch in Notare!
Advokaten! Verwandelt euch in Justizkommissare!
Verwandelte Advokaten! Erscheint vor Gericht bloß zur Ausführung des Rechtspunkts!
Verwandelte Advokaten! Erscheint wieder vor Gericht, selbst bei der Untersuchung des Faktums, aber nur in gewissen ausgenommenen Fällen!
Verwandelte Advokaten! Erscheint wie zuvor vor Gericht, aber vor allen Dingen nennt euch nicht Advokaten!“

Es liegt wohl ein tieferer Sinn in dieser historischen Satyre auf das Mißlingen, die Anwälte aus der Rechtspflege auszuschalten und Beamte mit den Anwaltsaufgaben zu betrauen. Wie um die Wende des 18. Jahrhunderts, so müßte auch heute und heute erst recht, ein ähnlicher Versuch kläglich scheitern. Neben den Vorzügen des freischaffenden, nicht fremdbestimmten und nicht örtlich und zeitlich dienstgebundenen beamteten Parteibeistandes, Rechtsfürsorgers oder Rechtspflegers tritt noch ein weiterer und zwar in nationalsozialistischem Weltanschauungssinn wohl ausschlaggebender Vorzug. Der deutsche Rechtsanwalt ist in seinem Beruf durch eine Schule des Kampfes gegangen, wie sie selten eine Berufsausbildung mit sich bringt, und wie sie vor allem der Beamte nicht durchzumachen hat. Kampf in wirtschaftlicher Beziehung, Kampf in wissenschaftlicher Beziehung und vor allem Kampf in charakterlicher Beziehung in ernstester Form ist noch niemandem, der deutscher Rechtsanwalt wurde, erspart geblieben. Und wenn Nationalsozialist Kämpfer sein heißt, dann ist der freie Anwalt der berufene Rechtsvertreter im neuen nationalsozialistischen Staat.

II.

Der nationalsozialistische Staat steht an der Schwelle einer großen Zeitenwende, die sich nur der um 1500 gleichachten läßt. Will man die weltgeschichtlichen Abschnitte einheitlich sehen, so ist wohl der Hinweis des Dichterphilosophen Bogislaw von Selchow der glücklichste: Mit 1500, dem Humanismus, der Reformation und der Einführung des Corpus iuris romani in Deutschland beginnt der Zeitabschnitt der „Ich-Zeit“; mit uns, mit dem Weltkrieg, mit der nationalen Erhebung ist angebrochen die sicher gleichlange Zeitspanne der „Wir-Zeit“. „Nicht das Individuum kann Gegenstand gesetzlicher Sorge sein, sondern das Volk, die Gemeinschaft“, so formt der Führer das Zeichen dieser Zeit. Die Gemeinschaft als ein Volksteil ist mehr und ein anderes als die Summe mehr oder weniger zahlreicher Individuen. Die Gemeinschaft von beruflichen Standesgenossen im neuen Staate muß deshalb auch etwas anderes sein, als ein Interessentenhaufen, der sich im gemeinsamen Kampf um die Futterkrippe zusammengefunden hat und hier sich stützt und hilft. So wichtig, ja lebenswichtig für den einzelnen Anwalt Beschränkungszahl, Gebührenfragen, Unterstützungshilfen sein mögen, für die Standesgemeinschaft deutscher Rechtsanwälte müssen sie in Zukunft mit Hinblick auf die größere Gemeinschaft minderen Rechts, Fragen zweiten Grades sein. Am besten werden sie mit einer Standesgemeinschaft überhaupt nicht mehr in Verbindung gebracht, sondern anderen Zusammenschlüssen anvertraut und überlassen. Denn eine Gefahr zu vermeiden, ist not. Die Standesgemeinschaft der neuen deutschen Anwälte darf nie und nimmer vergewerkschaftet werden. Für den Nationalsozialisten ist aber auch hier der Weg gewiesen, wenn er wie im großen so hier im kleinen auf das Wort des Führers sieht, daß die Sorge um das Ganze, die Politik vor der Wirtschaft steht.

Die Standesgemeinschaft der neuen deutschen Rechtsanwälte soll auch kein technisches Kollektiv sein, das nach „Richtlinien“ technische Erleichterung der Berufsausübung in einer neuen Arbeitsgemeinschaft anschafft. In diesem Sinne darf auch wohl eine neuerliche Entscheidung des Ehrengerichtshofes der deutschen Rechtsanwälte vom 5. Juli 1933 über die Grenzen der Befugnis des einzelnen Anwalts, sich vertreten zu lassen, gewertet und begrüßt werden. In dieser Entscheidung wird, soweit ersichtlich, zum erstenmal auf das durch die Orts- und Gerichtsgebundenheit gesetzlich zum Ausdruck gebrachte Vertrauensverhältnis zwischen den zugelassenen Anwälten auf der einen, und dem Gericht und den Gerichtseingesessenen auf der anderen Seite abgestellt. Die Zweckmäßigkeit einer Arbeitsgemeinschaft muß also der Standespflicht, das im öffentlichen Interesse bestimmte Vertrauensverhältnis zwischen Anwalt einerseits und Gericht und Gerichtseingesessenen andererseits über allem zu wahren, unbedingt weichen.

Die Standesgemeinschaft erschöpft sich also nicht in gemeinsamen wirtschaftlichen und auch nicht gemeinsamen technisch-beruflichen Interessen, sie erfüllt sich im Ethos. Diese Besonderheit der Standesgemeinschaft zu bezeichnen, ist man leicht bei der Hand mit der großen Geste des Hinweises auf die Standesehre. Wenn man alle und sämtliche mehr oder weniger berechtigten Kritiken an den bisherigen Organisationen der deutschen Rechtsanwaltschaft zusammenhält, so findet man in ihnen die einheitliche, immerwiederkehrende Ausstellung, die deutsche Rechtsanwaltschaft habe bis zur nationalen Erhebung es nicht vermocht, eine Standesgemeinschaft zu bilden. Nimmt man diese bedauerliche, aber feststehende Tatsache hin, so ist es müßig, nach ihren Gründen zu suchen und sie in den vielfach sich widersprechenden und sich abstoßenden Bestandteilen der alten Anwaltschaft selbst zu finden. Aber eine Folgerung muß man aus dieser Tatsache ziehen. Die Standesgemeinschaft ist ein organisches Gebilde, sie kann nicht künstlich gezüchtet werden, sie muß gepflanzt, gepflegt und behütet werden, sie muß wachsen und kann erst allmählich gedeihen. Man kann ihr auch nicht im jüngsten Werdegang schleunigst noch eine

Veredelung in Gestalt eines besonders gesetzten Ehrenkodex aufpflanzen wollen. Auch die Standesehre dieser Standesgemeinschaft muß organisch wachsen. Im Sachsenspiegel findet sich ein Satz: „So kommt alle Ehre von der Treue.“ Und Treue kommt von Trauen. Sagen wir es offen: Wir nationalsozialistischen deutschen Rechtsanwälte müssen zunächst einmal anfangen, uns gegenseitig zu vertrauen, wo früher vielfach das Band zwischen Berufsgenossen statt Vertrauen Mißtrauen war, ja bei dem Überwiegen rassefremder Elemente in dem Beruf sein konnte und auch oft mußte; das Ethos der neuen nun endlich möglichen Standesgemeinschaft muß geboren werden aus Trauen, Zutrauen und Vertrauen untereinander. Dann wird die Gemeinschaft als Stand ihre Ehre und ihre Aufgabe finden und bewahren.

III.

Ein Stand ist keine Gewerkschaft, ist keine Arbeitsgemeinschaft, sondern ein Volksgemeinschaftsteil, eine Gemeinschaft im kleinen und im besonderen. Auf der letzten Stahlhelmführertagung in Hannover prägte der Führer ein klassisches Wort über die Werte, die die Bedeutung eines Volkes ausmachen, und fand sie in drei Umständen: in der Volksgemeinschaft, in der Einzelpersönlichkeit und in dem Kampf der Persönlichkeit für die oder mit der Gemeinschaft. Bei aller Bedeutung, die man im neuen Staat der Gemeinschaft zumessen muß, darf man sich nicht der Notwendigkeit entschlagen, ihre Polarität in der Einzelpersönlichkeit und die Beziehung zwischen beiden in der Spannung des Kampfes voll zu beachten. So notwendig die Errichtung und Ausbildung der Standesgemeinschaft deutscher Rechtsanwälte ist, so notwendig ist die Fassung und Gestaltung des deutschen Rechtsanwaltes im neuen deutschen Staat, so notwendig ist die Beachtung seines Kampfes, den er schließlich und letzten Endes, wenn auch mit Beziehung auf die Standesgemeinschaft, selbst und allein auszufechten hat. Das ist ja wohl überhaupt heute das ernsthafteste Problem, wie die freie Einzelpersönlichkeit aus dem freien Beruf in die Neubildung des Volkes eingefügt werden kann, ohne daß sie und ihre starke Bedeutung für das neue Volksganze verloren geht. Im Klassenstaat mußte die Einzelpersönlichkeit verschwinden und in der Masse untergehen. Im neuen nationalsozialistischen Staat muß nach dem Wort des Führers die Einzelpersönlichkeit als gleichwertiges Element für die Bildung des neuen Volksganzen unweigerlich erhalten, ja ihre Auswertung und Auswirkung mit Rücksicht auf die Gemeinschaft gestärkt und gefördert werden. Das ist eine Regel und Richtschnur, die sich gerade der deutsche Anwalt als der zum Kampf vor allem berufene Vertreter der freien Berufe wohl ansehen und überlegen soll, weil sie ihn mit freudiger Hoffnung für die Zukunft zu erfüllen geeignet ist.

Wenn man sich nicht dem Vorwurf aussetzen will, daß sich anders als sonst in Menschenköpfen in diesem Kopf die Welt male, ist es nicht leicht, eine Meinung darüber auszusprechen, wie sich die Tätigkeit des Anwalts im neuen Staat gestalten werde. Je weiter durch die Schaffung, Verbreitung und Vertiefung gemeinsamer Grundanschauungen die Bildung der Volksgemeinschaft vorbereitet wird und je weiter dadurch die Bildung des neuen Volksganzen fortschreitet, desto geringer wird der Streitstoff zwischen den Volksgenossen werden, der gemeinhin bislang den Sach- und Streitstand für die Prozesse öffentlichen und bürgerlichen Rechtes abgegeben hat. Es wird sich weiter gar nicht verhindern lassen, daß mit der Ausdehnung und Festigung der Reichsstände eine standesinnere Erledigung der Streitigkeiten zwischen Standesgenossen eintreten wird. Bei allem guten Willen der Reichsregierung durch Verbesserung, ja Umwandlung unseres Zivilprozesses, das Abgleiten der Erledigung von Zivilstreitigkeiten in ein Sonderverfahren zu verhindern, muß dieses Bemühen im Laufe der Zeit doch ergebnislos bleiben. Die Standesgerichtsbarkeit wird sich am Ende nicht aufhalten lassen und zwar einerlei, ob für die Erledigung von gemeinschaftsschädlichem Verhalten im Sinne des Strafrechts oder des Disziplinarrechts, oder ob für die Befriedung zweier um bürgerliche Rechte streitenden Volksgenossen. Für den Anwalt wird sich daraus eine Erweiterung seines Tätigkeitsfeldes ergeben, sei es daß er in der Form des Schlichters, des Standesrichters oder des Rechts- oder Parteivertreters benötigt wird.

Das Abklingen der Prozesse im öffentlichen und im bürgerlichen Prozeßverfahren wird sich für den deutschen Anwalt im neuen Staat auch noch anderweit bemerkbar, und zwar günstig bemerkbar machen. Je weniger Geneigtheit unter den Volksgenossen besteht, ihre Streitigkeiten demnächst einmal durch einen Prozeßgang klären und erledigen zu lassen, desto mehr wird der Wunsch notwendig wachsen schon beim Entstehen eines wirtschaftlichen Lebensvorganges, einen Rechtsberater mitwirken zu lassen. Die vertrauliche Rechtsberatung im Kontor und im Fabrikraum wird die Nachfrage nach Trägern dieser Rechtsberatung steigern. Hier wird sich auch die neue Volksgemeinschaft in anderer Weise glücklich ausgleichend auswirken. Eine solche Rechtstätigkeit verlangt eine besonders nahe Beziehung zwischen Beratenem und Berater. Der in der großen

Robe brillierende Anwalt wird hier kein Tätigkeitsfeld finden. Die Rechtsuchenden werden von dem Fluge ins Weite, in die Großstadt und zu dem einzig berühmten Anwalt alsbald zurückkehren zu dem Lokalanwalt ihres Vertrauens. So wird sich von selbst wieder eine innigere Beziehung zwischen zugelassenem Anwalt und Gerichtseingesessenem herstellen. Endlich und schließlich ist noch eins zu sagen und dies ist das wesentlichste: Wer von uns ist noch nicht auf das Schlagwort vom römischen Recht und vom deutschen Recht gestoßen und wer von uns hat sich noch nicht Gedanken darüber gemacht, daß die nicht rechtlich ausgebildeten Volksgenossen doch davon die wunderlichsten Vorstellungen haben? Es ist nicht Platz genug, um ausführlich darüber hier zu handeln, aber eins kann wohl dazu gesagt werden. Das römische Recht ist für Deutschland eine Errungenschaft der Ich-Zeit, und in diesem Zeitabschnitt hat es sich bis zur Überschlagung im Positivismus und in der Begriffsjurisprudenz unheilvollst für das deutsche Volk auswirken können und ausgewirkt. Denn dieser Zeitabschnitt nahm sich wegen seiner Eigensüchtigkeit gar keine Zeit, einmal ein junges, eigenes Recht aufwachsen zu lassen. Alles mußte sofort nutzbar gemacht werden können. Sitten und Gebräuche wurden mit dem Makel der Rückständigkeit und Lächerlichkeit beiseite geschoben. Der Stöckelschuh galt auch hier mehr als der Holzschuh. Der Segen des oft unverstandenen Schlagwortes ist, daß sich diese Erkenntnis durchsetzt. Nun ist es an der Zeit und an der Pflicht des neuen Anwalts im neuen Staat, hier Mit-Rechts-Schürfer und Rechtsschöpfer zu sein. Das Recht im neuen Staat wird nicht von der Ministerialbürokratie gemacht, das Recht des neuen Deutschlands trägt der SA.-Mann im Tornister und hat der Bauer in der ererbten Truhe seiner Hofstelle. Es ist heute auch zu finden in den Befehlen des Obersten SA.-Führers und des Stabchefs, in den Anordnungen des Führers und seines Stellvertreters, ja auch in den Entscheidungen der Schlichtungsverfahren. Diesen kostbaren Rechtsstoff gilt es zu sehen und zu sammeln, denn er ist das zukünftige Recht Deutschlands und der neue Rechtsanwalt soll mit sein Bildner sein. Es ist dem Nationalsozialismus schon oft der Vorwurf gemacht, daß er für die Rechtserneuerung kein Programm habe. Das erinnert an eine Episode aus dem Weltkrieg. Als einmal ein allzu neugieriger Kriegsbummler einen Feldherrn fragte, nach welchem Programm er die Schlacht geschlagen habe, erhielt er zur herzerfrischenden Antwort: „Programm? Schlacht? Eine Schlacht ist eine Schlacht und eine Schlacht wird geschlagen, sonst nichts!" Mit vollem Recht und weiser Beschränkung hat deshalb auch der Führer der NSDJB.,

Reichsjustizkommissar Dr. Frank, zunächst nur die Zusammenfassung aller deutschen Juristen mit seiner ganzen eigenen Energie allein betrieben, sonst nichts. Ein Rechtserneuerungs-Programm neugierig für den Voraus herauszupfen zu wollen, erscheint fast wie die Tätigkeit des Kindes, das das Aufblühen der Pflanze im Frühling nicht erwarten kann und an dem Keim zieht. Das Recht wird. Ist das Recht da, so wird es gefaßt wie jetzt und dem Volksleben dienlich gemacht. Mit Recht will man deshalb auch lieber von einer Reform an Juristen, als von einer Reform an Justiz sprechen. Mit Recht hat deshalb auch der neue Preußische Justizminister Kerrl bei Übernahme seines Amtes vor die fachwissenschaftliche Erfassung des Rechts und des Rechtsstoffes den Charakter und den Wert des einzelnen Rechtsdieners gestellt. Auch die zukünftige Rechtsschöpfung ruht in seiner Hand. Der nationalsozialistische Rechtsanwalt kann getrosten Mutes an diese rechtsschöpferische Tätigkeit herangehen. Denn ist er es doch vor allem gewesen, der bei dem Verzweiflungskampf des alten Systems gegen die nationale Erhebung in unzähligen Revolutions- und Nachkriegsprozessen immer wieder und wieder auf den klaffenden Zwiespalt zwischen der Systemrechtsprechung und dem Rechtsgefühl des erwachenden Deutschlands hingewiesen und der immer und immer wieder in den Kriegsbeschuldigten-, den Feme- und anderen Prozessen den Versuch gemacht hat, hier schon durch Aufweisung des wahren Rechtes dem neuen Rechtsgefühl zum Siege zu verhelfen. So soll man ihm auch hier Vertrauen entgegenbringen.

Zu all den zukunftsstolzen Aufgaben des neuen Anwalts im neuen Staat ist aber vor allem eins not: alle diese Aufgaben wird der Anwalt zum Wohl der Volksgemeinschaft und zum Segen für sich selbst nur erfüllen, wenn er dazu nicht eins vergißt, das hohe Wort des Evangelisten: „Wenn ich mit Menschen- und mit Engelszungen redete und hätte der Liebe nicht, so wäre ich ein tönend Erz und eine klingende Schelle. Und wenn ich weissagen könnte und wüßte alle Geheimnisse und Erkenntnis — und hätte der Liebe nicht, so wäre ich nichts.“

So möge der neue deutsche Rechtsanwalt für das neue Deutsche Reich seinen schweren und ernsten Pflichtenweg antreten im frohen Bewußtsein seiner Aufgabe, in unverbrüchlicher Treue zu seinem Führer und in heißer Liebe zu seinem Volk und Vaterland!

MIX
Papier | Fördert gute Waldnutzung
FSC® C083411

Kolibri 360 GmbH
Ferdinand-Jühlke-Straße 7
99095 Erfurt, Deutschland
produktsicherheit@kolibri360.de